SUR LA FRONTIÈRE DE CHINE

MISSION DOMINICAINE

DU TONKIN

P. J. Mazelaigue

Se vend trois francs, au profit de la Mission

SUR LA FRONTIÈRE DE CHINE

MISSION DOMINICAINE

DU

TONKIN

Nihil obstat

F. HEDDE,
censor deput.

Nihil obstat

F. D. MÉZARD.
censor deput.

Imprimi potest,
Fr. J-M. PÉRIER.

Imprimatur

Lyon, le 9 Novembre 1921.

† JEAN, *év. d'Hadr.*

R. P. MAZELAYGUE
DES FRÈRES PRÊCHEURS DE LA PROVINCE DE LYON
MISSIONNAIRE A CAO-BANG

MISSION DOMINICAINE

DU

TONKIN

EN VENTE A LYON
7, place d'Helvétie, 7

Lyon, le 26 octobre 1921

Mon bien cher Père,

Je vous félicite et vous remercie d'avoir utilisé d'une manière très apostolique les journées que vous deviez consacrer à rétablir, en France, votre santé un peu ébranlée par votre long séjour au Tonkin.

Vous avez suivi la méthode des bons Missionnaires qui se reposent en pensant encore à leur Mission et en cherchant à la faire connaître et à la faire aimer.

Vous avez suivi les vaillants exemples de votre infatigable Préfet Apostolique, Mgr Cothonay, toujours si actif, si zélé, et auquel la Province Dominicaine de Lyon doit tant de reconnaissance.

Il sait avec quelle respectueuse affection, avec quels désirs de lui venir en aide, nous nous intéressons à tout ce qui concerne l'œuvre entreprise en des temps si difficiles et sur un terrain si ingrat. Vous le lui direz encore, en regagnant Lang-Son. Vous le direz à ses auxiliaires si religieusement dévoués à cette pauvre Mission.

Que Dieu bénisse vos efforts ! Qu'il entretienne en vous la flamme de la charité et vous préserve de toute tentation de découragement !

Que notre B. Père saint Dominique, en cette année où nous glorifions avec une tendresse filiale le Centenaire de sa mort, mette beaucoup de sérénité et de confiance dans votre apostolat.

Que du moins il vous console dans vos peines et vous fasse bien comprendre le conseil de saint Jacques écrivant aux premiers chrétiens : « Prenez patience, mes Frères... Voyez : le laboureur, dans l'espérance du précieux fruit de la terre, attend patiemment jusqu'à ce qu'il reçoive la pluie de l'automne et celle du printemps. Vous aussi, soyez patients ! » (Jac. V, 8.)

Je vous bénis, mon bien cher Père, et vous demeure très cordialement dévoué en Notre-Seigneur et notre B. Père saint Dominique.

Fr. J.-M. PERIER,
O. P. Pr. Prov.

PRÉFECTURE APOSTOLIQUE DE LANG-SON ET CAO-BANG.

Frontière chinoise

Limite de province tonkinoise

Voie ferrée

0 25 50 Kilomètres

SUR LA FRONTIÈRE DE CHINE

MISSION DOMINICAINE

CHAPITRE I

Origines de la Mission.

Les Dominicains espagnols possèdent, au Tonkin, depuis des siècles déjà, de très florissantes missions (1). Par le nombre de leurs martyrs dans le passé, et, actuellement, de leur clergé indigène et de leurs chrétiens, par leur organisation et la ferveur des fidèles, elles peuvent certainement rivaliser avec n'importe quelles autres missions dans le monde.

La Province Dominicaine de Lyon avait toujours tenu à honneur d'avoir une mission à l'étranger. En 1900, ayant cédé celle qu'elle dirigeait à Trinidad aux Pères irlandais, elle cherchait un autre champ d'apostolat. C'était le moment où la tourmente politique allait fondre sur les congrégations. Une fois dispersées, trouveraient-elles encore facilement à s'occuper en France ? Les jeunes se le demandaient anxieusement. C'est pourquoi, en plus de ceux qui étaient entrés dans l'Ordre avec la volonté de devenir missionnaires, un

(1) Le Tonkin central (Mgr Munagorri y Obyneta), le Tonkin oriental (Mgr Ruiz de Azua) et le Tonkin septentrional (Mgr Vélasco). Ces trois Vicariats comptent près de 350.000 catholiques et plus de 200 prêtres indigènes. La Préfecture apostolique de Lang-Son et Cao-Bang a été prise tout entière sur le Tonkin septentrional.

certain nombre d'autres religieux, qui, jusque-là, n'avaient envisagé que le ministère en France, demandèrent à partir.

Les Supérieurs voulurent donner satisfaction à cette ardeur apostolique. Ils pensèrent, en même temps, que s'ils prenaient une mission en pays français, ils se rendraient peut-être le Gouvernement plus favorable. Par l'intermédiaire donc du R^{me} Père Maître Général de l'Ordre, ils entamèrent des pourparlers avec le T. R. Père Paya, Supérieur de la Province des Philippines.

Celui-ci et les trois Vicaires apostoliques espagnols du Tonkin accueillirent très favorablement cette première démarche, par esprit de charité à notre égard d'abord, comme leurs lettres en font foi : « A cause de la situation difficile où se trouvent nos Frères de France », — par mesure de prévoyance aussi, car déjà, à cette époque, ils avaient, au sujet de leur stabilité en pays français, des doutes sérieux : « Nous prévoyons des difficultés qui, avec le temps, peuvent se produire et rendre impossible la continuation de notre séjour en ces missions. Il serait alors utile, pour le bien des âmes, et pour que l'Ordre ne perdît pas ces illustres missions, qu'elles fussent confiées à des Dominicains français, suffisamment instruits de la langue, des coutumes et du gouvernement de ces missions. »

Pour répondre à cette aimable invitation, le R. P. Cothonay et ses premiers compagnons vinrent se mettre sous la direction des Pères espagnols.

***

Quand vint en France l'heure inique de chasser les Congrégations religieuses, le Gouvernement prit tout d'abord en considération notre mission naissante et ne fut pas loin de laisser ouvert notre couvent d'études. Mais les conditions imposées parurent tellement odieuses, tellement incompatibles avec nos règles dominicaines et notre renom d'indépendance, qu'il fallut, comme tant d'autres, prendre en exilés le chemin de la Hollande.

La Mission de Lang-Son

Il n'était donc que trop clair qu'au point de vue politique une mission en pays français ne nous serait d'aucune utilité. D'autre part l'avenir de la Province s'annonçait plutôt sombre, avec ses religieux dispersés, son noviciat à l'étranger, son recrutement arrêté. Allait-on renoncer à la mission ? Certes les raisons humaines militaient en faveur de cette solution. Mais, une suite de circonstances, visiblement providentielles, nous avaient conduits là-bas, et, quand Dieu veut une œuvre, Il la soutient malgré la faiblesse des appuis humains.

Beaucoup de nos Pères, d'ailleurs, même parmi ceux qui ne pouvaient plus songer à partir, ayant au cœur l'ardeur apostolique de notre bienheureux Fondateur, et à l'esprit le souvenir des saintes prouesses accomplies au Tonkin par notre Ordre, entouraient déjà cette mission naissante d'une particulière affection et auraient été peinés de voir la Province l'abandonner.

Elle la maintint donc. A espaces rapprochés, trois fois nos Pères allèrent se mettre à la disposition de leurs Frères d'Espagne et se former à leur école. Pendant près de quatorze ans en particulier, ils dirigèrent la paroisse de Haïphong et contribuèrent à en faire un centre important de vie chrétienne.

***

Durant le cours de ces années, il fut souvent question de prendre un territoire à nous. Le R. P. Cothonay demandait la ville de Haïphong et les provinces de Quang-Yên et de Moncay. Il y avait là suffisamment de travail pour nous, en même temps que ce champ, relativement restreint, convenait mieux à notre Province, ruinée par la persécution. Notre travail aurait été singulièrement facilité par la possibilité de recruter sur place catéchistes et prêtres indigènes, ces auxiliaires indispensables à la bonne marche d'une mission. Mais, n'était-ce pas imposer un trop gros sacrifice à nos Pères d'Espagne ? Quoiqu'il en soit, le projet n'aboutit pas. C'aurait été la mission rêvée par tous les esprits pondérés, mais partant un tantinet la mission « bourgeoise ». Le bon Dieu a daigné nous donner une vraie mission de brousse,

Vue de Cao-Bang

d'une étendue considérable, d'une beauté sauvage, peuplée de fauves, possédée par le diable.

Il faut le reconnaître, parmi tous ceux qui ont été mêlés à ces négociations, seul Monseigneur Vélasco, Vicaire apostolique de Bac-Ninh, avait une idée nette au service de sa volonté tenace. Il devait nécessairement aboutir contre les conceptions imprécises et les velléités qui lui étaient opposées.

A la tête d'un immense Vicariat qui ne renfermait pas moins de neuf provinces, Sa Grandeur se rendait compte qu'elle ne pouvait atteindre toutes les âmes dont elle était cependant responsable devant Dieu. D'autre part, elle estimait beaucoup l'ardeur et le savoir-faire des Français ; aussi, malgré les plaintes de quelques-uns de ses conseillers, qui lui soufflaient de garder ces régions comme une réserve pour l'avenir, Monseigneur Vélasco était bien décidé à nous céder les parties extrêmes de son Vicariat. De notre côté, nous n'avions plus l'embarras du choix. Lorsque, en 1913, le Père Fraisse vint en France pour nous obtenir un territoire propre, il n'apportait qu'un projet à examiner.

Nous allions assumer une lourde responsabilité. Les Supérieurs voulurent d'abord ne prendre ce terrain qu'à l'essai, y réunir pendant quelques années nos Pères sous la dépendance de la Mission espagnole. Le rapport très clair du Père Fraisse leur prouva que cette situation provisoire n'était pas une solution et qu'il fallait nécessairement en arriver ou à la franche acceptation ou au rejet catégorique des propositions de Mgr Vélasco. En effet, si nous ne nous étions pas séparés, nous n'aurions rien reçu personnellement des œuvres de la Propagation de la Foi et de la Sainte-Enfance, et nous n'aurions rien fondé de durable.

***

Une fois l'acceptation décidée, les difficultés des négociations s'évanouirent d'elles-mêmes. Notre Mission du Tonkin se trouvait constituée par une bande de terrain, d'au moins 500 kil., longeant la frontière de Chine, et renfermant les provinces de Lang-Son, Cao-Bang et une partie de la province de Ha-Giang.

Pour débuter, nous n'avons demandé à Rome qu'une Préfecture apostolique, au lieu d'un Vicariat. Le seul inconvénient de cette décision fut-il de donner aux Annamites, si formalistes, l'occasion de se demander : Quel est donc cet évêque qui n'en est pas un ?

Arrivé à Haïphong le 2 juin 1914, Mgr Cothonay, Préfet apostolique, prenait possession, le 6 juin, au nom de la Province dominicaine de Lyon, de la Mission de Lang-Son et Cao-Bang. En face de l'œuvre immense à accomplir, il comprit la nécessité de consacrer à la Très Sainte Vierge le travail de ses missionnaires. Cette consécration de notre premier effort nous serons heureux de la relire :

O Très Sainte Vierge Marie, nous voici humblement prosternés à vos pieds pour vous dire que nous vous avons choisie pour patronne spéciale de cette Préfecture apostolique. Daignez, nous vous en prions, ô Vierge Immaculée, accepter cet office que vous offre l'amour de nos cœurs et notre confiance filiale en votre puissante et ineffable bonté.

O glorieuse Reine du Ciel, vous savez combien nous sommes imparfaits et misérables, et cependant nous sommes chargés d'une vaste mission, pleine de milliers d'âmes, qui ne connaissent pas et n'aiment pas votre divin Fils Jésus, Sauveur de tous les hommes.

Daignez, nous vous en supplions, nous obtenir d'aimer de tout notre cœur ces pauvres infidèles et de nous dépenser avec un zèle ardent jusqu'à notre mort, à leur conversion. Veuillez obtenir à ces déshérités, ô miséricordieuse Souveraine, une grâce puissante, qui éclaire leur intelligence, incline leur volonté, touche leur cœur et les convertisse, afin que bientôt, dans ces montagnes, soit formé un peuple fervent de croyants qui louent et glorifient la divine Trinité et vous honore aussi, ô glorieuse Vierge Immaculée, notre Mère bien-aimée, notre Reine et notre Protectrice.

Et vous, ô bienheureux Père saint Dominique, soyez aussi le protecteur et le patron de cette mission. Priez pour nous, intercédez pour nous, obtenez-nous un abondant secours de Dieu, afin que nos cœurs soient, comme était le vôtre sur la terre, remplis du zèle du salut des âmes et brûlant de l'amour de Dieu. Nous sommes humiliés, nous souffrons de vous ressembler si peu. Nous vous en conjurons, daignez nous mériter plus de ferveur, plus de fidélité à la grâce, plus de dévouement aux âmes, plus d'efforts pour notre sanctification. Aidez-nous à convertir les pauvres païens, travaillez encore sur la terre, par le moyen de vos enfants ! *Amen !*

CHAPITRE II

Excursion géographique.

« L'histoire d'un peuple est inséparable de la contrée qu'il habite », a dit un grand géographe. Avant tout parcourons cette contrée.

Certains correspondants qui, comme tout bon Français, ignorent un peu la géographie, nous écrivent parfois : « Au Tonkin, en Chine. » Eh bien ! on ne peut mieux dire. Sans le vouloir, ils qualifient parfaitement la région que nous occupons. Au point de vue politique, elle peut bien faire partie du Tonkin ; elle n'est au point de vue physique que la continuation de la Chine du Sud. Rien de commun avec le Delta plat où grouille serrée la gent annamite ; nous sommes dans la vraie brousse, sur les derniers contreforts de l'Hymalaya.

L'ensemble du pays est caractérisé par un double aspect : un enchevêtrement inextricable de collines argilo-schisteuses et de longues chaînes de massifs calcaires.

Les collines sont des mamelons juxtaposés, ne formant pas ordinairement chaîne, et dont les sommets s'étagent entre 400 et 900 mètres. Çà et là quelques montagnes atteignent 1.000 et 2.000 mètres. Le plus souvent ces hauteurs incultes sont recouvertes d'une herbe tranchante, longue de plus d'un mètre et appelée « herbe à paillotes » parce qu'elle sert à recouvrir les cases (les paillotes) des indigènes.

A la fin de la saison sèche, on met le feu à ces montagnes, et dans toute la haute région, pendant plus d'un mois, ce sont d'immenses brasiers qui éclairent les nuits d'hiver de lueurs sinistres. Aux premières pluies, ces mamelons se recouvrent d'une herbe tendre, que le buffle dévore avec avidité, en traçant lourdement son sentier.

Ailleurs la colline est boisée. Les montagnes surtout sont recouvertes de belles forêts de bambous ou de gros bois. Les bambous se dressent droits comme des barres de fer et si serrés qu'il est difficile de se frayer un passage sur le terrain où ils ont poussé. Là, plus qu'ailleurs, l'infortuné voyageur est assailli par d'innombrables sangsues, qui s'attachent à son cou, à ses jambes, et ne lâchent prise que s'il a eu la prudente précaution d'emporter une boîte d'allumettes afin de les brûler.

Dans la grande forêt, la marche est aussi pénible, à cause des arbres morts et gisants, des lianes entrelacées et de l'épais humus végétal qui recouvre le sol. Le sentier n'est souvent qu'un ruisseau desséché, envahi par les ronces et les blocs de pierre. Des arbres de toutes les couleurs, de toutes les formes, de toutes les dimensions s'y disputent la moindre place. Les ficus et les myrtacés, au tronc chargé de superbes orchidées, le bois de fer qui est le chêne du pays, le camphrier, le teck, le châtaignier sauvage et des fougères hautes comme des palmiers, font de ces régions de vraies forêts vierges. Il y a dans les couleurs une richesse de gammes incroyable : l'écarlate est en relief sur les frondaisons où se fondent les verts de toutes nuances, depuis le gris foncé jusqu'au vert le plus tendre. Certains parasols dressent çà et là leur tête blanche comme une gerbe de lys.

***

Quoique le Tonkin ne soit pas le pays des beaux oiseaux, on en trouve cependant dans ces parages, dont le plumage rouge ou vert fait le meilleur effet. On y est surtout saisi par la vue d'un animal, de la famille des lémures, qui vole d'arbre en arbre, à une assez grande distance.

Lorsqu'en été vous traversez ces forêts, vous entendez un bruit assourdissant de mandibules et d'élytres : les cigales et les grillons ont monté leur orchestre. A des *tutti* furieux, qui font mal aux oreilles, succède parfois un *solo* ravissant. Un *maestro* a sans doute saisi sa harpe et en tire des sons doux à faire pleurer.

Ces régions boisées sont surtout peuplées de cerfs et de

Le marché de Bao-Lac dans la Haute-Région

leur grand ennemi « le seigneur tigre », comme disent les indigènes. Heureusement, le jour il veut bien ne pas trop se montrer. La nuit, on ne peut passer que précédé d'immenses torches de roseaux dont la flamme suffit à l'écarter.

Les *massifs calcaires* ont un aspect bien différent. Ils profilent sur le ciel leur ligne sombre et dentelée, dont les pitons, les aiguilles, les dômes bornent l'horizon de toutes parts, ferment les vallées, barrent les cours d'eau et constituent un dédale de cirques et de défilés, qui déroute toute observation. Ce ne sont pas des rochers nus ; à leurs flancs s'accroche une végétation touffue. Comme la forêt, ces régions sont aussi de toute beauté, primitives et chaotiques, comme si les eaux de la mer, qui battaient jadis ces récifs, ne s'étaient retirées que d'hier. Pour passer d'un cirque dans l'autre, tantôt on franchit de simples éboulis de roches peu élevés et tantôt il faut escalader des à-pic effrayants. C'est le domaine des singes, des ours noirs, de la chèvre sauvage et de la panthère.

Phénomène surprenant ! On rencontre des cours d'eau dans ces régions sans vallée. Comment peuvent-ils couler ? C'est un mystère à surprendre. Au début, ils ressemblent à tous les cours d'eau d'Europe, mais brusquement voilà qu'ils se heurtent à la barrière d'un seuil rocheux. Impuissante à briser l'obstacle, l'eau temporise, s'étale en une large nappe d'un beau vert transparent, peu à peu s'élève et le surmonte, égrenant le chapelet de ses ondes dans toutes les directions, par toutes les fissures de la pierre, en cascatelles où fusent les rires innocents de son patient triomphe. Triomphe éphémère toutefois ! car bientôt la rivière atteint les limites du cirque où elle a pris naissance et voit se dresser devant elle la masse altière d'un piton qui lui ferme l'issue. Mise par une heureuse disposition de la Providence dans l'impossibilité de s'élever à la hauteur de l'obstacle qui arrête son cours, on dirait que l'eau devient intelligente et qu'elle cherche à déjouer par la ruse les calculs mauvais d'un adversaire implacable. Lentement, mais sûrement, elle fouille, elle fore, elle filtre à travers ses assises et reparaît au jour dans

Missionnaire et catéchistes de Cao-Bang

le cirque voisin, pour recommencer indéfiniment la série de ses métamorphoses et renouveler le tableau charmant de ses bassins d'émeraude, de ses cascades argentées, de ses chutes bruyantes, de ses disparitions et de ses renaissances.

C'est surtout dans les trois Sous-Préfectures de l'Est de la Province de Cao-Bang que l'on a occasion d'admirer ces divers phénomènes. Là se rencontre la superbe cascade de Ban-Gioc.

***

Les deux seules rivières navigables qui traversent notre Préfecture, sont le Song-Ky-Kong dans la Province de Lang-Son et le Song-Bang-Giang dans celle de Cao-Bang. Elles se réunissent à Long-tchéou, en Chine, où elles contribuent à former le Si-Kiang.

Les voyages par eau, en sampan ou en radeau, réservent bien des surprises. Au moment où la rivière est le plus calme vous voyez tout à coup l'équipage très affairé : il attache sur le devant un second gouvernail, auquel s'accroche le plus habile nautonier. Vous saisissez bientôt la raison de ces préparatifs : le fleuve vous apparaît barré par un seuil rocheux. Par ci par là, d'étroites passes, dans lesquelles l'eau se précipite en bouillonnant; l'embarcation s'y engage, en de brusques mouvements elle zigzague au milieu des roches. Il est assez rare qu'elle chavire, mais ce qui est moins rare, c'est que le passager ne soit éclaboussé et mouillé comme un canard. Peu importe d'ailleurs, puisque d'ordinaire il fait assez chaud pour qu'il soit vite sec.

***

Par sa situation géographique (25° de latitude boréale), notre Préfecture appartient encore à la zone torride. Cependant, il faut reconnaître qu'en fait son climat est intermédiaire entre les zones torride et tempérée. Ni la clémence relative de l'été, ni les froidures de l'hiver, ni l'atmosphère où flotte en permanence, sauf peut-être par les plus beaux jours d'octobre, un léger voile de brume, ni le firmament à l'éclat déjà adouci, ne donnent l'impression si vive que l'on éprouve en posant le pied sur la terre des tropiques et qu'on n'oublie plus jamais. Ce n'est ni Colombo, ni Saïgon, pas même le Delta tonkinois.

La végétation elle-même n'étonne pas généralement par son exubérance ou son cachet d'exotisme. Les arbres des pays chauds, comme les cocotiers, les palmiers et les aréquiers ou ne s'y développent pas ou y paraissent anémiés. Par contre le bananier, l'ananas, le cannelier, le letchis, le kakis, le jaquier, le mandarinier y poussent normalement et donnent de bons fruits. On y trouve encore le prunier, le pêcher, le poirier ; mais ils auraient besoin de greffe pour produire les fruits savoureux de France.

En se basant sur des moyennes, on peut dire que l'été commence vers le 15 avril, souvent par une période de chaleurs sèches. La fin du mois de mai et le mois de juin, époque de transition entre la saison sèche et la saison des pluies, sont certainement la période la plus pénible. On y sent la surcharge électrique d'un ciel assombri de nuages bas et orageux, dont il semble que l'éclair ne peut arriver à jaillir. Et chaque soir, pendant des semaines, vainement on attend la détente bienfaisante qui suivrait l'averse, obstinée à ne pas tomber. Il faut alors gagner à contre-cœur sa chambre à coucher, d'où le sommeil est banni jusqu'aux heures matinales, où la lassitude et une idée de fraîcheur à l'aube vous permettraient de goûter un peu de repos, s'il n'était déjà temps de reprendre la tâche quotidienne.

Heureusement, cette épreuve dure peu. Déjà les pluies diluviennes de juillet, aidées de la mousson sud-est, rendent certaines nuits plus supportables. En septembre, elles fraîchissent sensiblement ; le sommeil devient reposant en attendant les nuits froides de l'hiver.

L'hiver débute ordinairement entre le 1er et le 15 novembre par un temps frais, sec et clair, quelquefois subitement par un violent vent du nord. Le froid atteint son maximum vers fin janvier. Ensuite le temps s'assombrit et s'embrume jusque vers fin mars, avec intervalles de beaux jours et périodes de *crachin*.

Le thermomètre ne donne pas une idée exacte de la température de la Haute-Région. En été, il se maintient à 34° dans la chambre. Or, les officiers qui ont vécu en Afrique, prétendent qu'ils supportaient mieux les 47 degrés de là-bas, que les 34 du Tonkin. C'est qu'en Afrique la chaleur sèche favorise l'évaporation, tandis qu'au Tonkin, on est toujours mouillé, « on cuit dans son jus », comme disent les coloniaux. Par contre, en hiver, dès que le thermomètre descend au-dessous de 10°, on se sent ridiculement gelé.

***

Au point de vue salubrité, notre Préfecture n'est pas mal partagée. Sans doute le missionnaire y est exposé aux fièvres paludéennes, à l'accès bilieux, aux congestions du foie et des reins, à la dysenterie ; mais son régime sobre est souvent, à lui seul, un préservatif suffisant.

Il peut y vivre une vie normale en s'affaiblissant sans doute plus vite qu'en Europe, mais sans y contracter d'infirmités spéciales, qui l'empêchent de remplir son ministère.

Somme toute, le pays est sauvage et superbe, et tout s'accorde à lui enlever les caractères excessifs des contrées tropicales, et à faire de son climat l'un des plus supportables des pays chauds.

CHAPITRE III

Les Habitants.

La superficie de notre Préfecture correspond à trois grands départements français. La population est très clairsemée. Il est impossible de l'évaluer exactement : mais si on l'estime à 250.000 âmes, il est probable qu'on ne sera pas loin de la vérité. Elle appartient, pour la grande majorité, à la race « Thaï » qui comprend les Thôs et les Nungs, presque exclusivement cultivateurs et propriétaires des meilleures terres. Dans les endroits reculés ou sur les sommets, dans les provinces de Cao-Bang et de Ha-Giang surtout, habitent différentes races, dites sauvages, comme les Mans-Côc, les Mans-Tien, les Méos et quelques Lolos. Je n'ai pas parlé des Annamites et des Chinois, qui ne se trouvent guère que dans les villes et les marchés. Le Chinois ne s'occupe que d'affaires commerciales : il est bailleur de fonds et souvent usurier, deux termes presque synonymes en ce pays.

L'Annamite considérait jadis la Haute-Région comme un lieu malsain, où ses rois l'envoyaient en exil. Récemment encore il n'y montait qu'avec la plus grande répugnance. Cette impression fâcheuse diminue et il est de plus en plus facile de l'attirer dans nos parages. Il y vient faire son modeste négoce, se placer comme ouvrier ou comme boy chez les Européens, ou comme instituteur dans les villages. Les Thôs, qui n'aiment pas le coolie annamite, par trop maraudeur, reconnaissent dans l'Annamite instruit un supérieur. Volontiers, ils s'habillent comme lui et s'efforcent de posséder sa langue, qui gagne tous les jours du terrain dans la Haute-Région.

Faisons rapidement connaissance avec ces diverses parties de notre troupeau.

1° La race Thaï : Thôs et Nungs.

Faute de documents certains, il ne nous est pas possible de préciser l'origine de la race Thaï. Disons, sans plus, qu'elle vient de Chine. On sait qu'avant l'ère chrétienne, elle lutta contre les Annamites, s'empara de leur pays et fut ensuite défaite par les Chinois. Durant notre ère, l'histoire rapporte deux retours offensifs de sa part: l'un contre la Chine, quand, vers l'an 1000, elle emporta Canton d'assaut ; l'autre contre les Annamites, lorsque, vers 1400, la dynastie des Mac s'empara d'Hanoï et se maintint plusieurs siècles indépendante. Ce furent les derniers sursauts de cette race, qui, par instinct, est pacifique. Ceux qui restèrent en Chine, les Nungs, prirent naturellement beaucoup à la civilisation chinoise ; ceux qui vécurent au Tonkin, les Thôs empruntèrent aux Annamites quelques expressions et certains de leurs usages, mais, bien que la question soit controversée, nous restons absolument persuadé que Thôs et Nungs, qu'ils vivent au Tonkin ou en Chine, sont frères, qu'ils appartiennent également à la race Thaï.

D'ailleurs, au point de vue physique, mêmes caractéristiques: même taille, environ 1m,62, même physionomie, cheveux noirs et durs, roux chez quelques femmes, front étroit, yeux moins mongols que ceux des Annamites, nez évasé formant triangle, bouche trop grande, figure plus allongée que chez l'Annamite, teint plus frais.

Au point de vue intellectuel, le Thô, très inférieur à l'Annamite, a été jusqu'ici supérieur au Nung, car ce dernier n'apprenait guère que quelques caractères chinois.

Mais si nous parlons de travail manuel, le Nung prend sa revanche. Autant le Thô est paresseux et porté à laisser à sa femme tous les travaux de l'intérieur et de l'extérieur surtout, autant le Nung est vaillant au travail. Tandis que le premier se ruine par indolence et légèreté, qu'il tue le temps à flâner sur les marchés, ou à fumer l'opium avec des amis, le second est actif, économe, presque avare. Sans doute une fois ou l'autre, il se paye, comme le Thô, à l'occasion d'une

Sorcières chez les Thôs

fête, un gros repas arrosé avec excès d'alcool de riz, mais d'ordinaire il vit chichement et entasse les piastres pour arrondir son lopin de rizières. En outre, comme il est plus prolifique, il arrivera infailliblement à supplanter le Thô.

***

Voulez-vous faire chez eux une rapide excursion ? Regardez donc tous ces petits villages ; ils peuvent bien avoir six maisons : l'un est adossé au mamelon herbeux, l'autre se blottit contre la roche escarpée. Dans les bas-fonds, vous voyez leurs rizières, séparées par de minuscules digues ; ils lâchent buffles, bœufs et chevaux sur le mamelon, en ayant soin toutefois de se réserver quelques endroits pour cultiver le maïs, le sarrasin, le manioc, le sésame et des patates.

Leur maison est bâtie sur pilotis, supportée à la hauteur de 1m50 environ par des bois plus ou moins gros, selon les ressources du propriétaire. Les murs sont en torchis, ou même ne sont que des perches attachées les unes à côté des autres. Le toit est en paillotte de la montagne ou en tuiles creuses de Chine. Sur le devant une terrasse repose sur des poteaux en bois ou en bambous. Une échelle rustique vous permet d'atteindre la terrasse et de là vous entrez de plain-pied dans la maison.

La première salle, avec quelques lits en bambous, est réservée aux étrangers. Derrière une cloison en bambous, sur laquelle on remarque les tablettes des ancêtres, une autre salle sert de cuisine, dont la fumée noircit tous les appartements et s'échappe par les nombreuses fissures des murs et du toit. Sur les côtés, d'autres vagues cloisons font des illusions de chambres pour la famille. Le plancher est mal joint. C'est très commode pour y faire passer la poussière quand on balaye, mais comme au-dessous il y a les étables, et que les Thôs ne les nettoyent que tous les six mois, vous comprenez facilement qu'il monte au nez par toutes ces fissures des odeurs peu parfumées. Cette cohabitation avec les animaux attire, en été, un nombre infini de moustiques. En hiver souvent on y a froid. « Après tout, disait un mandarin facétieux, il n'y a dans ces maisons des courants d'air que de six côtés : les quatre points cardinaux, en haut et en bas. » Oui, à part cela, c'est très confortable !

Pour savoir si ce sont des Thôs ou des Nungs qui vous reçoivent, il suffit de regarder leurs manches. Les deux races sont habillées de bleu indigo, mais tandis que les Thôs suivent exactement la coupe de l'habit annamite et ont les manches étroites, les Nungs portent des habits plus courts, à manches très larges.

Les uns et les autres vous reçoivent d'ailleurs fort poliment, quoiqu'on remarque plus d'empressement de la part des Thôs. Vite la glace est rompue. Assis sur le rebord des lits, après avoir causé de choses banales, on ne tarde pas à aborder la question religieuse.

Les religions indochinoises sont vaguement arrivées jusqu'à eux, incomprises et déformées, se réduisant à un ramassis de superstitions qui les tient esclaves de leurs sorciers dans tous les actes importants de leur vie. Ils admettent cependant d'une façon bien claire la survie de l'âme. La plupart pensent qu'elle reste errante, quelque peu impassible, autour de son tombeau, réjouie seulement par les offrandes de la famille ; les plus instruits savent qu'il y a pour elle une expiation aux enfers, avant qu'elle ne monte au ciel de l'empereur de Jade. Ils ne bâtissent pas de pagodes, mais se servent de celles que les mandarins annamites ont jadis fait édifier chez eux. Il n'y en a pas une par canton. Encore ces pagodes sont-elles dédiées, le plus souvent, à des personnages historiques divinisés par l'opinion publique ou un décret royal. Ils ont beau se dire bouddhistes, ils le sont encore moins que les Annamites, puisqu'ils ne rendent aucun culte spécial à Bouddha. Au fond, leur religion se renferme dans la crainte des Esprits malfaisants et dans le culte des ancêtres.

Les Esprits malfaisants sont nombreux. Il y a l'Esprit d'un grand mandarin qui aime surtout qu'on lui offre des têtes de cochon ; l'Esprit de ceux qui sont morts de mort violente ; l'Esprit de ceux dont la sépulture n'a pas été bien située ou orientée ; il y a l'Esprit de ceux qui ont fait de faux serments et qui s'acharnent sur leur famille ; il y a encore — qui l'aurait cru ? — l'Esprit poulet ! Et celui-là — qui s'en serait douté ? — est le plus mauvais de tous. Il s'empare des femmes surtout, pour leur donner le mauvais œil. Alors, qu'elles vous voient, qu'elles entrent chez vous, qu'elles soufflent sur vos aliments et tous les malheurs s'abattent sur votre famille !

On conçoit quel profit ont les sorciers à entretenir pareilles croyances. Par elles, ils sont tout puissants. Ils peuvent, à leur gré, ruiner une famille ou jeter sur elle le discrédit. Qu'ils accusent une femme d'avoir l'Esprit-poulet, et elle ne trouvera plus à se marier. Un décès vient-il à se produire dans une famille riche ? ils lui affirment que l'enterrement ne pourra se faire que dans dix jours ou plus. Pendant ce temps, elle est obligée de nourrir et le sorcier et la foule nombreuse des parents, voisins ou amis qui vivent à ses dépens. Ailleurs un homme veut marier sa fille dans telle famille. Sa femme n'approuve pas ce mariage ; au lieu de se disputer avec son mari, la rusée compagne va trouver le sorcier et lui glisse la pièce. Celui-ci a bientôt fait de découvrir que les astres des deux futurs sont en opposition, et il vient déclarer au mari effrayé que, si ce mariage s'accomplissait, il ne répondrait pas de la famille.

***

Dans leurs maladies les Thaïs recourent encore volontiers aux sorcières, qui forment chez eux de véritables congrégations. Celles qui se destinent à cette carrière se préparent toutes jeunes et vont se former chez une vieille. Cette formation est assez sévère. On rencontre sur les chemins ces femmes, mieux habillées que les autres, s'avançant gravement, les plus âgées en avant, les jeunes novices portant par derrière leurs instruments de musique.

A la maison du malade, on a tout préparé dans la plus grande salle, pour les recevoir. Au fond est une estrade recouverte d'une belle natte rouge, où elles s'asseoiront, après avoir revêtu leurs habits de cérémonie. Un côté est réservé aux spectateurs ; l'autre aux présents offerts à l'Esprit : des poulets plumés, des gâteaux de toutes sortes, de l'alcool de riz. Les murs sont décorés de fleurs artificielles et de guirlandes de grains de maïs, éclatés au feu. Les bâtonnets d'encens répandent leur parfum.

Sorciers chez les Thôs

La cérémonie commence sur le soir par une mélopée rythmée, accompagnée sur la lyre. On agite des grelots pour annoncer que l'Esprit va arriver ; et de fait la voyante entre dans un état extraordinaire, prononce des paroles incompréhensibles, et, revenue à elle-même, annonce que l'Esprit a accordé le bienfait demandé.

On comprend combien un peuple, nourri de ces superstitions, est loin de notre sainte Religion. A ce dogme grossier, il faut ajouter l'absence de morale. Leur religion, en effet, n'a aucune influence sur leurs actes. S'ils observent encore la loi naturelle, ils le doivent surtout aux règlementations sévères qui punissent sans pitié, dans chaque commune, toute atteinte aux mœurs. Aux soirs de marché, aux réunions qui suivent le premier de l'an, aux mariages ou aux enterrements, jeunes gens et jeunes filles sont laissés très libres. On les rencontre formant des chœurs sur tous les chemins. Au besoin, les jeunes filles connaissent des moyens de faire disparaître la conséquence de leur faute et éviter ainsi à leur famille l'amende à payer.

Ce sera long pour leur inculquer la délicatesse de conscience !

2° Les sauvages Mans-Coc et Mans-Tiên.

Nous avons dans la Préfecture environ 20.000 hommes, que les Chinois et les Annamites appellent « Mans » ou sauvages, et qui eux-mêmes se désignent sous le nom de « Yao », l'un de leurs ancêtres.

Ils se donnent la curieuse origine suivante. L'Empereur de Chine, désespérant de vaincre l'un de ses ennemis, s'écria qu'il donnerait la main de sa fille à celui qui tuerait cet adversaire. L'heureux chien Pan-Hou eut cette chance et devint l'illustre ancêtre des Mans ! Aussi s'abstiennent-ils de manger de la viande de chien. Il faut, sans doute, sous cette légende, reconnaître un étranger quelconque qui a rendu service à la Chine. L'empereur lui aurait donné non seulement sa fille, mais encore la moitié des terres de son royaume. Et c'est ici que l'astuce chinoise s'étale dans toute sa laideur. Lorsqu'il s'est agi de partager, le rusé empereur a fait tirer une ligne horizontale, et a donné pour dot à son gendre, toutes les terres hautes, dont les braves Célestes n'avaient que faire

Les Mans a sapèques

Il semble que cela se passait quelque deux mille ans avant Jésus-Christ ; mais on admet généralement qu'il y a à peine plusieurs siècles que les Mans atteignirent les montagnes du Tonkin, où leur émigration continue encore tous les jours.

Ils se subdivisent en nombreux groupes ; nous ne parlerons dans cette notice que des deux principaux.

Mans-Coc.

Les Mans-Coc ou « sauvages à cornes » (ainsi désignés à cause d'un ornement que portent les femmes dans leur coiffure les jours de fête) sont, par le nombre et la considération dont les autres les entourent, la tribu principale des sauvages. Malgré ce qu'on a essayé d'en dire, comme taille et comme physionomie, ils ne diffèrent pas sensiblement des Thaï et des Annamites. Souvent la figure des jeunes gens est fine, tandis que les femmes ont de grosses lèvres.

Leur habit, celui des femmes surtout, est remarquable. Le fond en est bleu, mais sur ce fond, ils ont ajouté plus d'ornementations qu'aucune autre tribu.

Les femmes s'enveloppent les cheveux dans une pièce d'étoffe, puis posent à plat leur turban rayé rouge et blanc.

Leur habit est très ouvert sur le devant et surchargé d'un long collier de pompons rouges. Dans l'échancrure, la pièce d'étoffe qui couvre la poitrine supporte une série de rectangles en argent repoussé. La ceinture est en perles multicolores avec longs effilés rouges. Enfin, le bas du pantalon est brodé de petits rectangles blancs, jaunes et rouges. Et, par-dessus le tout, de nombreux bijoux en argent, colliers, bracelets et boucles d'oreilles. L'ensemble de ce costume fait le meilleur effet, encore plus de loin que de près, car il n'est pas toujours propre, et l'on est tout étonné de voir des personnes si bien mises travailler aux champs.

Les hommes portent la veste courte des Chinois. Seul un bout de turban brodé, qu'ils laissent flotter au vent, les en distingue.

***

Les Mans-Coc sont avant tout cultivateurs. Ils mettent le feu aux forêts, et sèment cette terre fertilisée par les cendres, en riz de montagne, en maïs, en patates. Lorsque la terre ne rendait plus, ils émigraient plus loin ; mais cette tendance à la vie nomade diminue tous les jours, car on leur défend de plus en plus de déboiser. Ils se mettent donc à élever des cases fort convenables, à même le sol, comme les Annamites.

Leur hospitalité est cordiale et familière. Ils viennent s'asseoir sur le même banc que vous, ils goûtent à vos provisions en toute simplicité. Leur langue paraît avoir quelque parenté avec le chinois mandarin. Il ne semble pas qu'elle réserve à nos gosiers de sérieuses difficultés, mais, comme elle ne traite guère que des choses terre-à-terre, il sera difficile de lui faire traduire les vérités religieuses.

Leurs croyances se rapprochent beaucoup de celles des Thôs et ont pour base la crainte des Esprits et le culte des ancêtres.

Ils admettent un Créateur du Ciel, sans l'honorer spécialement. La tradition d'un déluge universel s'est conservée chez eux très claire. Sur le conseil d'un oiseau, le frère et la sœur s'enfermèrent dans une grande citrouille et sauvèrent ainsi l'espèce humaine. Quand leur esquif s'arrêta sur les confins de Mongolie, ils n'osaient se marier ensemble. Une tortue, qui leur conseillait de le faire, reçut un coup de sabre, elle en porte encore les traces ; un bambou, qui venait à la rescousse, fut aussi maltraité, comme ses nœuds en font foi. Enfin les deux rescapés devinrent les ancêtres du genre humain.

Les Mans-Coc ont aussi leurs sorciers et leurs cérémonies superstitieuses. Dans ces fêtes « l'homme animal » règne en maître. Ils absorbent alors viande et liquide jusqu'à rouler par terre.

La vengeance est une de leurs passions maîtresses, et il m'a été donné d'en voir un exemple effrayant.

Par une belle matinée de mai, je conduisis au poteau d'exécution un Man-Coc, que j'avais eu la consolation de baptiser la veille. Voici son histoire. Ngô-Man, voyant un jour sa femme malade, alla prier le sorcier de venir la soigner. Le sorcier ne se dérangea pas assez vite et la malheureuse mourut. Ngô-Man ne dit rien, se remaria, eut des enfants. Quinze ans après, lorsque personne ne pensait plus à sa première femme, il acheta de l'alcool de riz et quelques livres de viande qu'il porta chez le sorcier. Toute la nuit ils festoyèrent joyeusement. Au matin, comme le sorcier était ivre, Ngô-Man lui trancha la tête et tua en plus sa femme et ses enfants.

« — Que voulez-vous, me disait-il, de l'air le plus innocent, en allant au supplice, ne fallait-il pas venger ma femme? »

Mans-Tiên.

Les Mans-Tiên ou « Sauvages à sapèques » ont reçu ce nom à cause des sapèques en argent que les hommes quelquefois et les femmes toujours portent suspendues au cou. Ils sont au nombre de 3.000 environ dans la Préfecture. Comme parmi eux les plus riches parlent déjà thô ou même annamite, il nous a été possible de communiquer plus intimement avec cette tribu qu'avec les autres.

Ils se considèrent comme les frères cadets des Mans-Coc. Les hommes s'habillent volontiers comme les Thôs, mais ils portent, enroulé autour du cou, un long chapelet de verroterie.

L'habit des femmes est très ouvert sur le devant. Au lieu du pantalon, elles ont une jupe, dont l'extrémité inférieure est garnie de dessins blancs, qu'elles obtiennent en couvrant de cire ces parties, tandis qu'elles plongent leur linge dans l'indigo. Il est à remarquer que plusieurs de leurs broderies ont la forme d'une croix.

La coiffure des femmes est fort compliquée. Elles se collent d'abord les cheveux à la tête avec de la cire et de la graisse, sauf une mèche qu'elles introduisent dans une sorte d'entonnoir renversé sur leur tête. Au-dessus, elles adaptent fort coquettement un turban blanc, parsemé de dessins divers et portent encore souvent un fichu.

***

Celui qu'on appelle « le roi des Mans » et qui n'est que leur représentant auprès du Sous-Préfet annamite, a bien voulu nous communiquer la charte des Mans. Quoi qu'il en soit de son authenticité, elle nous donnera sur leurs mœurs quelques détails curieux. En voici un résumé :

La cinquième année de Day-Tuy, il y eut en Chine grande

famine. Ne trouvant plus à se nourrir, les nommés Ban-Chu-Hinh et Dang-Chu-Hiên allèrent prier le roi de permettre à sept tribus de passer en Annam. Celui-ci accueillit favorablement leur demande. Il leur donna pour toujours la permission de défricher les montagnes, les exempta d'impôts, ne leur demandant que la réparation des routes et des ponts. Ils obtinrent 30.000 ligatures et sept barques pour traverser la mer et se laissèrent aller au gré des vents. Au bout de sept jours, ne voyant pas la terre, ils offrirent des sacrifices. Après avoir attendu encore trois jours et perdu cinq barques (il y avait 700 personnes sur chacune) on aperçut enfin la terre annamite.

Comme les bonnes terres étaient toutes cultivées, ils se mirent à défricher péniblement les sommets. Mais les deux familles débarquées ne vécurent pas longtemps en bonne harmonie. Dang-Chu-Hiên s'étant enrichi, ne voulut pas venir en aide à ses frères pauvres ; en sorte que Chu-Hinh, après avoir tenté vainement de le tuer, jura que jamais les membres de sa famille ne consentiraient à s'allier avec ceux de la famille rivale.

La tradition impose aux Mans-Tiên les obligations religieuses suivantes :

1° Ils doivent se cotiser pour réparer, tous les 56 ans, leur pagode commune ;

2° Chaque famille doit, dans une génération, faire venir deux sorciers et sacrifier deux porcs à cette même pagode. Ils s'abstiendront de vendre les porcs sans avoir fait au préalable un sacrifice à l'Esprit ;

3° Une fois par génération aussi, toute la tribu célèbrera la fête du jeûne. On allume de l'encens, on brûle des papiers en l'honneur de Ngoc-Hoang, Maître du Ciel. Le jeûne dure cinq jours et consiste à s'abstenir de viande et de graisse ; mais il est permis de faire par jour, deux repas de riz et de légumes. Ensuite quatorze sorciers officient et sacrifient trente porcs.

La tradition d'un déluge universel est commune chez eux. Ils la racontent avec cette variante que le frère et la sœur s'enfermèrent dans un pamplemousse, qui alla frapper jusqu'aux voûtes du ciel.

***

Leur charte trace des règles minutieuses à observer pour le mariage.

Lorsque le garçon atteint sa quinzième année, les parents doivent se préoccuper de lui trouver une compagne. Ils font appel aux bons soins d'une entremetteuse, pour s'aboucher avec la famille sur laquelle ils ont jeté leur dévolu. Mais avant de se mettre en route qu'elle n'oublie pas de tuer un poulet et d'examiner si les pattes sont de bon augure. Elle pourra ainsi, dès son arrivée chez les parents de la jeune fille, leur affirmer que l'augure est favorable.

Avant de songer au mariage, l'entremetteuse conduira par trois fois le jeune homme chez sa future. Il y séjournera d'abord trois jours, puis cinq, enfin douze jours, travaillant là comme domestique. Durant tous ces voyages, que l'entremetteuse ouvre tout grands ses yeux ! Si elle aperçoit sur la route un serpent, un tigre ou un animal nuisible quelconque, inutile d'aller plus loin ; il faut rompre de suite les pourparlers. L'Esprit manifeste, en effet, bien clairement que si le mariage avait lieu, l'un des conjoints ne tarderait pas à mourir !

Il y a trois prix fixés pour acheter sa femme. Le tarif le plus élevé est de 36 onces d'argent, 80 kilos de viande de porc et 40 kilos d'alcool de riz !

Au jour déterminé pour le mariage, les parents et les amis du fiancé vont chercher la jeune fille, qui restera désormais chez son mari. Il est obligatoire non seulement de bien traiter les invités, mais encore de leur faire un cadeau en nature quand on les renvoie chez eux.

Les Mans-Tiên ont encore quelques particularités pour les enterrements.

Si le décès a lieu un jour faste, on commence de suite les cérémonies du jeûne, et on fait les sacrifices au défunt, dont on ne peut retarder l'enterrement plus de trois jours. Si le décès est survenu un mauvais jour, il faut enterrer le défunt sans cérémonies, et attendre un jour faste pour suppléer ces

Tribu des Méos : jeunes filles

rites. Quand vient ce jour, ils dressent un mannequin qui ressemble au mort. A lui vont salutations et présents, puis ils l'enterrent solennellement au-dessus du tombeau qui récèle le vrai mort.

L'accueil cordial que nous avons toujours reçu chez eux, leur apparente simplicité de mœurs, nous font vivement regretter de ne pouvoir nous occuper de suite sérieusement de leur évangélisation. Comme nous témoignions notre étonnement en leur voyant laisser leur *paddy* dans une cabane mal fermée, le chef nous rassura : « Ici, il n'y a pas de voleurs. Dans toute la tribu, seules deux ou trois maisons sont suspectes. Si nous perdions quelque objet, nous saurions où le retrouver. »

Outre ces tribus, il y a encore de la même race, les Mans-Xanh-Y dans la province de Lang-Son et les Mans-Lan-Tiên dans celle de Ha-Giang. Ce sont les femmes de cette dernière tribu que les Européens appellent « petites Bretonnes » à cause d'une certaine ressemblance dans le costume.

3° Les Méos.

Les Méos habitent les sommets les plus élevés du Haut-Tonkin. C'est sans doute parce qu'ils grimpent facilement qu'on les a appelés « Méos » ou chats.

Bien qu'ils aiment à se dire les anciens propriétaires du sol, il est évident qu'ils sont les derniers venus dans nos montagnes. D'ordinaire, ils se sont infiltrés sur leurs sommets, sans trop se faire remarquer. Cependant, l'histoire raconte comment, à deux reprises, ils s'imposèrent par force. Encore aujourd'hui, ils sont loin d'entretenir toujours avec leurs voisins, les Thôs ou les Mans, des relations pacifiques ; la preuve en est que le Gouvernement d'Indo Chine vient de charger le Père Savina de leur prêcher la concorde.

Nous en avons une dizaine de mille dans la Province de Ha-Giang. En Chine, où on les nomme Miao-Tsé, ils sont encore plus nombreux.

Le Méo est de taille petite, mais bien prise, un peu épaisse même chez la femme. Il a en particulier des mollets démesurés.

Son amour de l'indépendance et son humeur vagabonde lui font souvent déplacer ses pénates. Il met ses provisions et ses meubles dans une hotte, dont il prend les deux anses à ses bras, et le voilà en quête d'une nouvelle patrie. D'ailleurs,

MÉOS EN COSTUMES DE FÊTE

il ne perd pas grand'chose en quittant sa maison. C'est la plus rudimentaire de la Haute-Région. De la paille jetée à même le sol, copieusement habitée par de désagréables bestioles, leur sert de lits. Faute de riz, ils mangent ordinairement du maïs. C'est chez eux que le « confortable » manque tout à fait, soit au point de vue du logement, soit au point de vue de la nourriture.

Les femmes portent le col marin et sont les seules à exhiber le décolletage en nos régions. Comme il y a peu d'eau sur leurs montagnes, elles montrent une peau noire de crasse. Dans la tenue de chaque jour, elles ont une jupe blanche, plissée et courte. Aux jours de fête, elles ajoutent, en guise de tablier, des bandes multicolores. Leur turban est énorme.

Le Méo paraît être celui, parmi les habitants de la Haute-Région, qui se rapproche le plus de l'homme primitif. Lorsqu'il se marie, le jeune homme n'est point violenté par sa famille : c'est lui qui aime une jeune fille et en avertit ses parents. Aux enterrements, on fait bien quelques superstitions, mais elles ont été empruntées aux Chinois et les Méos paraissent moins y tenir que les autres races. Autant de raisons de déplorer qu'un apôtre de l'Evangile ne puisse les aborder encore.

4° Les Lolos.

Enfin nous ne pouvons omettre de dire quelques mots d'une jolie race de montagnards, qui a environ 2.000 représentants dans notre Préfecture. Comme les Lolos ont jadis formé un Etat dans le Yunnan, il est probable qu'ils ont débordé jusqu'au Tonkin, depuis déjà de longs siècles. Leur aspect frappe tous les Européens qui les aperçoivent. On ne peut manquer de s'écrier : « Ce sont les moins jaunes parmi les Jaunes ! » Leur type se rapproche, en effet, davantage du nôtre.

Les femmes s'habillent d'un pantalon large, avec broderie ; elles portent un beau tablier par dessus ; leur veste, courte, se boutonne en brandebourg. Leur coiffure est un mouchoir brodé posé sur leurs cheveux ramassés sur le devant de la tête. Les Lolos noirs portent un costume assez différent de celui des Lolos blancs. Cette race, qui ne paraît pas très superstitieuse et qui, au Yunnan, a déjà été évangélisée, se perd au Tonkin par son indolence et par sa passion de l'opium. Il n'y aura, de ce côté-ci de la frontière également, que la religion chrétienne qui pourra la sauver de la mort.

CHAPITRE IV

Travail d'évangélisation et résultats.

Nous avons donc une idée de la configuration du so etdes habitants divers qui le peuplent.

Rien que cette ébauche nous fait soupçonner combien l'évangélisation de ces régions doit être malaisée. Si les débuts sont durs partout, il semble qu'ils doivent l'être davantage dans cette brousse aux races multiples et dispersées.

Il y a une quinzaine d'années, lorsque les Pères espagnols envoyèrent d'abord à Lang-Son, puis à Cao-Bang, les premiers missionnaires français, ceux-ci trouvèrent sur place cinq ou six familles de chrétiens annamites. Encore plusieurs avaient-ils contracté des unions illégitimes ; en sorte qu'à la fin de l'année, les missionnaires devaient se tenir pour satisfaits, d'avoir pu confesser une centaine de fidèles. Quand, par hasard, ils s'aventuraient dans l'intérieur, les Thôs, n'ayant pas entendu parler de missionnaires, les prenaient pour des douaniers et s'enfuyaient à leur approche. Péniblement ils édifièrent à Lang-Son et à Cao-Bang les deux seules églises qu'ait trouvées Mgr le Préfet, en prenant possession de la nouvelle mission.

Et c'était deux mois seulement avant la guerre !

Malgré tout, ceux qui, sans parti pris, peuvent faire la comparaison entre ce qui existait alors, et l'état actuel de la Mission, sont forcés de reconnaître que, grâce à Dieu, il s'est fait un travail encourageant.

D'abord le nombre des districts a été porté à dix. Sans doute la plupart des résidences sont de modestes masures, qui bientôt menaceront ruine et demanderont à être remplacées ; néanmoins leur fondation a été un gros effort d'évangélisation, tenté pendant la guerre, au moment où plusieurs

Pères étaient mobilisés, où les ressources ne venaient plus de France, où, la piastre étant montée à 16 fr. 50 (au lieu de 2 fr. 50), le change nous ruinait.

Là où Notre-Seigneur n'était pas connu, il y a tous les ans plus de dix mille communions et une moyenne de deux cents baptêmes.

Convaincus par l'expérience que les Thôs répugneraient à se faire catholiques ou bien ensuite ne persévéreraient pas, tant qu'ils ne verraient point un groupe de fidèles solides leur donner l'exemple, nous nous sommes décidés à faire monter du Delta un certain nombre de familles de vieux chrétiens, à les aider à s'installer sur place, afin qu'elles devinssent comme le noyau de catholiques autour duquel les nouveaux convertis s'agglutineraient.

Ce système a, sans doute, ses inconvénients, et il ne peut valoir que pour un début ; il nous semble cependant avoir été excellent. Grâce à lui, nos chrétientés sont bien posées, et elles commencent à influencer non seulement les Annamites des centres urbains, mais encore les Thôs et les Nungs eux-mêmes, dont on a baptisé quelques familles. Le nombre des chrétiens n'est, il est vrai, que d'un millier, répartis inégalement dans les divers districts ; mais celui des catéchumènes grossit tous les jours.

Encore ici il faut distinguer : il y a les catéchumènes qui donnent des espoirs prochains et que l'on ose marquer sur sa liste, et il y a le grand nombre de ceux qui, ayant été évangélisés, se montrent encore hésitants, mais sympathiques. Il se fait un travail de longue haleine qui, Dieu aidant, réjouira le cœur de nos successeurs.

***

La chrétienté la plus importante est celle qui est groupée autour de la petite chapelle, dans le quartier sud de Lang-Son. Elle compte 265 baptisés. Malheureusement, la plupart de ces chrétiens, ouvriers ou manœuvres, ne trouvant pas un travail régulier sur place, doivent aller en chercher quelquefois bien loin, au détriment de leur âme. De plus, leurs cases trop resserrées et couvertes en paille, risquent de prendre feu. Que ce malheur arrive et voilà cette chrétienté compromise !...

Trois jeunes Thôs élèves du séminaire de Lang-Son

Dans le même quartier, les Sœurs Tertiaires indigènes occupent notre ancienne et modeste Mission. Elles prient pour nous, baptisent les enfants en danger de mort, élèvent ceux qu'on leur abandonne. Il y a déjà là une exposition touchante de toutes les misères.

Mgr le Préfet apostolique, dès son arrivée, a fait l'acquisition d'un hôtel assez vaste, qui sert à loger à la fois le missionnaire desservant la paroisse, les Pères et les Prêtres indigènes de passage et le petit séminaire. Sans doute il faudra, un jour, donner plus d'indépendance à ces différents rouages, mais en attendant, c'est un bon pied-à-terre.

A quelques kilomètres plus loin, dans la plaine même de Lang-Son, s'élève la coquette église Saint-Michel, due au bon goût du R. P. Brébion, Autour de son clocher, dans une concession à la terre peu fertile, se groupe une chrétienté d'une centaine d'âmes. C'est elle qui sera chargée de veiller sur les tombes des missionnaires qui veulent dormir leur dernier sommeil sous l'égide du bienheureux Archange.

En nous éloignant vers l'Est, à 10 kilomètres, nous trouvons la paroisse naissante de Ban-Lim. Si le Père Larmurier y est logé sous la paille, il travaille du moins à élever à Jésus une chapelle en briques, fort convenable. Tout autour, dans une vallée que traverse le Song-Ky-Kông, les villages nombreux lui font souvent crier : *messis quidem multa*, que la moisson est abondante! Et c'est pourquoi il s'empresse de traduire le catéchisme en langue thô.

Toujours plus à l'Est, au 23e et au 31e kilomètre, sont encore deux chrétientés, dirigées par des prêtres indigènes. Elles ont chacune environ une cinquantaine de catholiques. La première, celle de Lôc-Binh est toute récente. La seconde, bien située, à Ban-Quân, sur de petits mamelons dominant une large plaine de rizières qui s'en va jusqu'en Chine, attire depuis longtemps le zèle des missionnaires. Dès avant la fondation de la Préfecture, le Père de Bellaing y séjourna : puis d'autres s'y rendirent souvent, essayant de s'y implanter et faisant quelques baptêmes.

L'une de ces cérémonies fut particulièrement impressionnante. Une famille Thô, ayant eu deux de ses enfants (le frère et la sœur) devenus lépreux, leur bâtit une cabane retirée dans les collines, où elle leur apportait le riz quotidien

Le garçon connaissait déjà quelques prières et en l'absence du missionnaire, il les apprenait à sa sœur. Vint le jour tant désiré du baptême ! Le Père se rendit seul au milieu de ces collines désertes. La cabane étant trop petite, il fallut faire les cérémonies, comme on avait fait les instructions, en plein air. Là, en face du soleil levant et de la belle nature du bon Dieu, sous le regard des anges seuls, la religion fit pleurer de joie le missionnaire et deux pauvres lépreux, dont l'un est déjà au ciel.

Mais Lang-Son est loin d'être le centre de notre Préfecture. C'est au Nord-Ouest que s'étend le plus vaste terrain à défricher. Et il est à peine entamé.

A 14 kilomètres dans cette direction, s'élève la très modeste mission de Vinh-Rat, tout près du poste militaire de Dong-Dang.

Il y a un pied-à-terre à Na-Cham et il faut ensuite atteindre le 70e kilomètre pour rencontrer l'important marché et la vaste plaine de That-Khé. Grâce à une généreuse bienfaitrice d'Amérique, on a pu élever là une construction solide, dont le rez-de-chaussée est la chapelle, et l'étage l'habitation du missionnaire. Avec de l'activité et de la persévérance, le R. P. Brand pourra y développer son embryon de chrétienté.

Et c'est tout pour la Province de Lang-Son. Il y a encore, même dans cette province, de vastes régions qui attendent les ouvriers évangéliques.

***

La province de Cao-Bang est encore plus mal partagée. Nous n'y avons que trois districts : Cao-Bang, Cao-Binh et Ta-Lung.

La ville de Cao-Bang, qui est à 137 kilomètres de Lang-Son, est un centre assez important. La population y est plus stable qu'à Lang-Son. L'église est convenable et assez vaste, bâtie jadis, ainsi que la Mission, par le R. P. Fraisse. A côté il y a la Sainte-Enfance dont les Sœurs baptisent chaque année une cinquantaine d'enfants en danger de mort, et en sauvent physiquement quelques-uns. Les chrétiens, trop récemment arrivés, pour la plupart, n'exercent pas encore une influence sensible sur la masse des païens. Il faudrait quelques ressources pour ouvrir une école d'apprentissage et y former de bons ouvriers. Ensuite la religion rayonnerait.

Cachée dans la brousse sauvage, une léproserie abrite une vingtaine d'infortunés, très appliqués à apprendre les prières, et qui trouvent dans les espérances de la religion un allègement à leurs maux.

A 10 kilomètres plus loin, Cao-Binh, l'ancienne capitale des rois Mac, n'est plus qu'un gros marché, au milieu de la plus belle plaine que nous ayons dans toute la Préfecture. Elle rappelle le Delta tonkinois, avec ses gros villages entourés de bambous. Ce site a tenté le P. Bardol, qui y a édifié une Mission, couverte en paille, mais appelée, selon toutes les probabilités, à devenir le centre le plus important de la Préfecture.

Plus à l'Ouest s'étend la Province de Ha-Giang, dont une immense partie nous est confiée, et où nous n'avons encore, faute de sujets et de ressources, ouvert aucun poste.

Pour arriver à la Mission de Ta-Lung, il faut redescendre le fleuve Bang-Giang, vers le sud-est, jusqu'à proximité de la frontière chinoise. Là, le Gouvernement nous a concédé un immense terrain vague, où nous avons déjà établi trente familles annamites. Nous souhaitons au P. Robert plus de santé, afin qu'il puisse augmenter sa chrétienté et en faire une pépinière de prêtres et de catéchistes.

Et c'est tout.

***

A Lang-Son il y a un modeste séminaire qui tend à former à la fois de futurs prêtres et plus prochainement des catéchistes. Dans chaque district des embryons d'écoles apprennent aux enfants à lire et à écrire.

LES MINES D'ÉTAIN ET DE WOLFRAM A TINH-THUC

On a encore l'impression que tout cela est un peu « en l'air ». Les maisons ne sont pas définitives ; elles n'ont pas de rizières pour assurer la subsistance des quelques enfants qu'elles doivent éprouver et dégrossir avant de les envoyer au séminaire. Mais ne faut-il pas compter sur la Providence du bon Dieu ?

On a vu dans quel milieu de superstitions vivent ces pauvres indigènes. Inutile de dire que les raisonnements seuls ne font à peu près rien à leur conversion ; on les gagne en leur faisant du bien, en leur donnant des remèdes, en les aidant dans les procès où ils sont souvent le jouet de la rapacité des mandarins. Enfin, lorsqu'ils se sentent touchés de la grâce du bon Dieu, nous sommes obligés le plus souvent de leur dire de quitter leur village, de vendre leurs biens et de venir s'installer près d'une chrétienté, sinon leur persévérance serait très compromise. Comprenez-vous quelles ressources matérielles extraordinaires il nous faudrait pour ces débuts, alors que tout est à créer ?

Notre jeune Mission n'a pas eu ses martyrs. Au temps de la persécution, elle faisait partie des Vicariats espagnols ; mais il n'est pas douteux que le B. Jérôme Hermosilla et ses compagnons ne la protègent spécialement. Si nos Pères n'ont pas eu l'occasion de verser leur sang pour sceller la foi, ils ont du moins commencé leurs labeurs apostoliques au milieu des plus grandes difficultés. L'œuvre accomplie est bien peu de chose, et les jeunes qui viendront les seconder soupçonneront à peine ce que ce peu a coûté à leurs aînés, Que de tâtonnements, que d'œuvres avortées ! mais aussi que de déceptions leur seront épargnées ! Ils trouveront peut-être certains abris trop primitifs ; mais avant de les élever ces abris, les anciens missionnaires ont dû vivre des mois et des mois dans les cases malpropres des indigènes si privés de tout confortable, dans l'impossibilité de se livrer à un travail intellectuel quelconque, n'ayant que la consolation de célébrer la sainte messe dans une misérable cabane.

CHAPITRE V

Dans les postes frontières.

Au nord du Tonkin, le long de la frontière chinoise, court un réseau de postes militaires, éloignés environ de trente kilomètres les uns des autres. Un officier les commande et quelques sous-officiers français encadrent la compagnie de tirailleurs indigènes qui y tient garnison. Parmi ces Annamites montés du Delta, il y a toujours une minorité de catholiques. Les visiter et leur porter les secours de la religion constitue une des charges de notre ministère. Dans les provinces de Cao-Bang et de Ha-Giang, en particulier, cette charge devient lourde, car le voyage est long et pénible. Nous nous en ferons une idée en suivant la modeste caravane du missionnaire.

Elle est vite organisée. Deux coolies porteurs, autant que possible catholiques, vont devant avec leurs paniers en rotin se balançant sur leurs épaules. Le Père enfourche son brave petit cheval ; le catéchiste a déniché une haridelle quelconque, et les voilà de bon matin sur la route. Pour une fois, nous pouvons nous permettre cette expression « sur la route », car nous nous dirigeons vers le poste de Dong-Khé, le plus civilisé de tous, puisqu'il a une route qui va jusqu'au Delta.

Vraiment gracieux et bien campé sur un mamelon de terre, au milieu d'un cirque fertile de rizières, tout entouré de noirs rochers ! Mais, en admirant ce poste et les autres, il faut savoir se demander : « Depuis combien de temps est-il ainsi bâti ? » Depuis dix ans, quinze ans, au plus. Et cela veut dire que pendant une trentaine d'années, des officiers français se sont succédé là, qui ont d'abord été mal logés, exposés aux coups de mains et qui, avec presque rien, ont dû, patiemment et avec suite, élever leurs remparts. Chaque nouvel arrivant perfectionnait ou poursuivait les travaux de son prédécesseur, nous laissant ainsi à nous-mêmes un modèle à imiter. Quelques noms sont devenus célèbres.

Brûlard, d'Urbal y étaient de simples lieutenants ; beaucoup d'autres ont été moissonnés par la grande guerre, avant de se faire un nom. Quelques-uns ont ployé sous le poids du travail et de l'anxiété. Tel ce pauvre officier dont une croix blanche abrite la tombe, là haut près du rocher calcaire. Dans sa solitude, pris de neurasthénie et aussi peut-être de fièvre chaude, il mit fin à ses jours. Ses camarades ont jugé qu'il n'était pas responsable de son acte et c'est pourquoi ils lui ont élevé une croix.

Une fois pour toutes, disons avec reconnaissance que le missionnaire reçoit partout une charmante hospitalité. A cette distance de la mère-patrie, l'officier, quels que soient ses sentiments religieux, est un bon Français qui en reçoit un autre. Nos mesquines discordes confessionnelles n'existent pas là-bas. On se serre les uns contre les autres, en face du danger toujours menaçant pour la poignée de Français qui monte la garde sur la frontière de Chine.

Pourquoi faut-il ajouter qu'au point de vue religieux le cœur du missionnaire trouve moins de consolations. Ces vaillants, qui ont bravé la mort mille fois sur les champs de bataille, ont plus de peine à triompher des dangers de la solitude et du respect humain. Nous devons nous tenir pour satisfaits lorsque le chef de poste est venu assister à l'office, pour donner l'exemple aux tirailleurs catholiques.

Ceux-ci nous donnent en général toutes consolations. Si quelques rares unités se laissent entraîner à fumer l'opium ou à prendre une femme païenne, c'est toujours l'exception ; dans l'ensemble, ils se sentent exilés, loin de leurs rizières du Delta, exposés à un accès de fièvre bilieuse : aussi s'efforcent-ils de se tenir toujours prêts. Avertis de l'arrivée du Père, ils ont fait avec soin leur examen, se confessent dès le soir et le lendemain, de bon matin, assistent à la messe qui est célébrée dans la meilleure chambre du Poste.

***

Dong-Khé est à 20 kilomètres de la frontière : c'est ce qui lui a valu de n'être pas trop attaqué par les pirates chinois.

La lutte a été plus âpre dans les cirques de Na-Lan ; les croix y sont plus nombreuses qu'ailleurs. Quel courage ne fallait-il pas pour oser aborder ces perfides défilés entre deux murailles de rochers couverts de végétation, qui dérobait la vue de l'ennemi !

Il s'y produisit un jour une affaire, qui eut son côté burlesque. Les pirates, ayant laissé le détachement français franchir ces défilés, tombèrent sur son arrière-garde. Les balles pleuvaient de tous côtés, du haut des rochers. Que faire ? L'officier essaya de s'abriter dans quelques maisons du marché, mais les balles brisaient les tuiles et faisaient des victimes. Il prend alors la résolution de franchir la frontière chinoise et de demander protection au mandarin qui commandait le poste de Bô-Cup. Or, il faut savoir que ce mandarin n'était autre que le fameux To-tu-Bich, ancien pirate contre lequel cet officier avait eu à lutter et dont la Chine avait récompensé les exploits en le nommant mandarin militaire. L'officier se trouvait embarrassé comme un agneau qui aurait demandé asile à un loup ! Le mandarin n'était guère plus à son aise ; car une partie de ses troupes était allée faire cause commune avec les pirates et rentrait avec le canon du fusil encore chaud, chargée des dépouilles de l'arrière-garde française. Dans ces cas-là, on ne peut guère faire le difficile ! Les Chinois félicitèrent l'officier français de sa bravoure et celui-ci accepta de se confier à ces demi-pirates ou pirates-et-demi pour regagner son poste.

Le poste était jadis Phuc-Hoa ; c'est aujourd'hui Ta-Lung, où nous avons une mission.

***

Nous entrons ensuite dans ce pays merveilleux des Trois Sous-Préfectures de l'Est, où, pendant dix ans, nos officiers ont combattu héroïquement surtout contre Luc-A-Son, président actuel de la Chine du Sud, et en ont fait la région la plus tranquille du monde (1).

(1) Luc-A-Son vient d'être battu en Chine et de demander l'hospitalité au Tonkin.

Ce poste de Ha-Lang si coquet a été commencé par un faible détachement, qui avait en même temps à lutter contre les pirates, les bêtes fauves et la fièvre. Les pirates sont vaincus, les fauves se font discrets, mais la fièvre tient toujours bon.

Plus loin sur la route de Ban-Cra à Trung-Khanh-Phu, on passe près de la belle cascade Ban-Gioc.

Le pays est rempli de grottes profondes. Tant que les postes de Quang-Uyên et de Tra-Linh n'eurent pas pris le dessus sur les pirates, les pauvres habitants étaient forcés de s'enfermer dans ces excavations. Heureux encore lorsque les pirates ne venaient pas les enfumer et les faire périr par asphyxie, comme cela n'arriva que trop souvent ! Aussi cette population qui se rappelle encore ces jours d'angoisse et les efforts des officiers français pour la secourir, est restée très sincèrement attachée au Protectorat.

Et le chemin se déroule toujours, long et fastidieux à la fin. En récitant son Rosaire on s'efforce de peupler ces sites sauvages des plus beaux tableaux de la Vierge qu'on ait admirés au Louvre ou ailleurs.

Déjà une immense boucle est bouclée ; partis vers le Sud, nous avons tourné à l'Est et nous voilà le cap mis résolument sur l'Ouest. On passe aux postes de Soc-Giang et de Nguyên-Binh pour arriver aux mines de Tinh-Thuc. Quelle surprise de voir, là où poussait la forêt vierge, des machines modernes mues à l'électricité et l'éclat de cette lumière innondant toute la vallée ! Nuit et jour les indigènes cherchent l'étain et le wolfram, qui seront expédiés jusqu'en Europe. Nous avons parmi eux plus de cinquante catholiques, mais malheureusement pas de chapelle pour les réunir.

Nous ne sommes pas au bout de nos peines. Avant d'arriver aux postes de Bao-Lac et de Dong-Van il nous faudra coucher souvent chez les sauvages, et lorsqu'ils n'auront pas de riz, nous contenter de la bouillie de maïs. Le retour surtout est fatigant. Le cavalier se couche presque sur sa selle à force d'avoir mal aux reins. La main qui tient les rênes est rouge comme la peau du homard et se met à peler. Mais le

L'Œuvre de la Sainte-Enfance a Cao-Bang

cœur est satisfait. Le missionnaire a relevé ou soutenu plus d'une centaine d'âmes. Et il peut se dire : « Si je n'y étais pas allé, personne ne m'aurait remplacé. N'aurais-je quitté l'Europe que pour sauver ce petit nombre, mon temps ne serait pas perdu. »

Disons aussi qu'il est content d'avoir travaillé pour la France, en exhortant à bien faire leur devoir ceux qui la servent, en faisant du bien moral aussi aux officiers qu'il rencontre. Missionnaires et officiers doivent nécessairement marcher de pair. Ils apportent une même ardeur à leur tâche, ils sont exposés aux mêmes dangers.

***

Sur cette même piste que suit le missionnaire rentrant à Cao-Bang, se fit porter l'officier (le capitaine Gabriel Orsini) qui l'avait si aimablement accueilli dans son poste de Bao-Lac. Pris d'une fièvre bilieuse intense, il succomba malheureusement en route. Ses sous-officiers le ramenèrent à Bao-Lac et le pleurèrent comme un père.

Devant cette tombe, représentant pour nous toutes les tombes blanches des officiers français, qui nous ont préparé la voie ou nous ont reçu dans leurs postes, nous nous inclinons avec respect et faisons une prière.

CONCLUSION

Notre seule intention a été de dresser un cadre suffisant, dans lequel nos confrères viendront brosser leurs tableaux plus fouillés.

Gardons-nous de donner aux jeunes qui aspirent à venir partager nos travaux, une fausse idée des missions. La vie du missionnaire est loin d'être une vie extraordinaire dans un milieu fantastique, où rien ne ressemble à ce qui se passe en Europe. Le fond de la vie est au contraire le même partout. Là, comme ailleurs, il faut souvent s'occuper de questions terre-à-terre, et, pour réussir dans le ministère, les mêmes vertus sont partout nécessaires, en particulier la prudence et la pondération.

Nous osons espérer que nos chers lecteurs et amis ne se seront pas laissés rebuter par cette trop grande sécheresse d'exposition. Nous avons tant besoin d'eux ! Après un séjour en France, nous comprenons mieux combien il est ingrat de parler de ces missions lointaines, inconnues. Aujourd'hui en France, on a tant besoin d'hommes et de ressources pour maintenir et développer les bonnes œuvres ! Il y a tant de ruines matérielles et morales accumulées par la Grande Guerre !

Malgré tout, ce qui relève notre espoir dans l'avenir des missions, c'est que le chef de la catholicité, celui qui, devant Dieu, a la responsabilité de l'avenir de l'Eglise, qui est le mieux placé pour en connaître les besoins, le Souverain Pontife a, dans une Encyclique récente, recommandé aux chrétiens d'accorder leurs sympathies et leurs secours aux missions lointaines. « L'Eglise s'afflige, dit-il, du sort lamentable d'une multitude d'âmes, en pensant qu'après vingt siècles de christianisme, il reste un milliard de païens à convertir. »

C'est au nom d'une partie de ces âmes abandonnées que je viens à vous. Certes, leur conversion dépend des efforts et de la sainteté du missionnaire et c'est pourquoi il gémit sans cesse sur ses imperfections. Mais aussi, chers lecteurs et amis, vous savez que ses œuvres attendent votre aide. Il vous demande même de ne pas faire seulement un geste passager, si généreux soit-il, mais que de durables relations s'établissent entre vous et lui, afin que lui, travaillant au loin, et vous le soutenant de toutes vos forces, de vos prières, de vos aumônes, de votre cœur, nous ayons les uns et les autres une même récompense devant Dieu.

IMP. J. PERROUD, 12 ET 14, RUE DE LA CHARITÉ, LYON

IMP. J. PERROUD, 12 ET 14, RUE DE LA CHARITÉ, LYON

www.ingramcontent.com/pod-product-compliance
Ingram Content Group UK Ltd.
Pitfield, Milton Keynes, MK11 3LW, UK
UKHW021652260726
13994UKWH00003B/1433

9 782329 080697